Impressum
Verlag: BABADADA GmbH, Nedderfeld 112 , 22529 Hamburg
Geschäftsführer / Verlagsleitung: Harald Hof
Druck: Books on Demand GmbH, In de Tarpen 42, 22848 Norderstedt

Imprint
Publisher: BABADADA GmbH, Nedderfeld 112 , 22529 Hamburg, Germany
Managing Director / Publishing direction: Harald Hof
Print: Books on Demand GmbH, In de Tarpen 42, 22848 Norderstedt, Germany

shkolla
škola

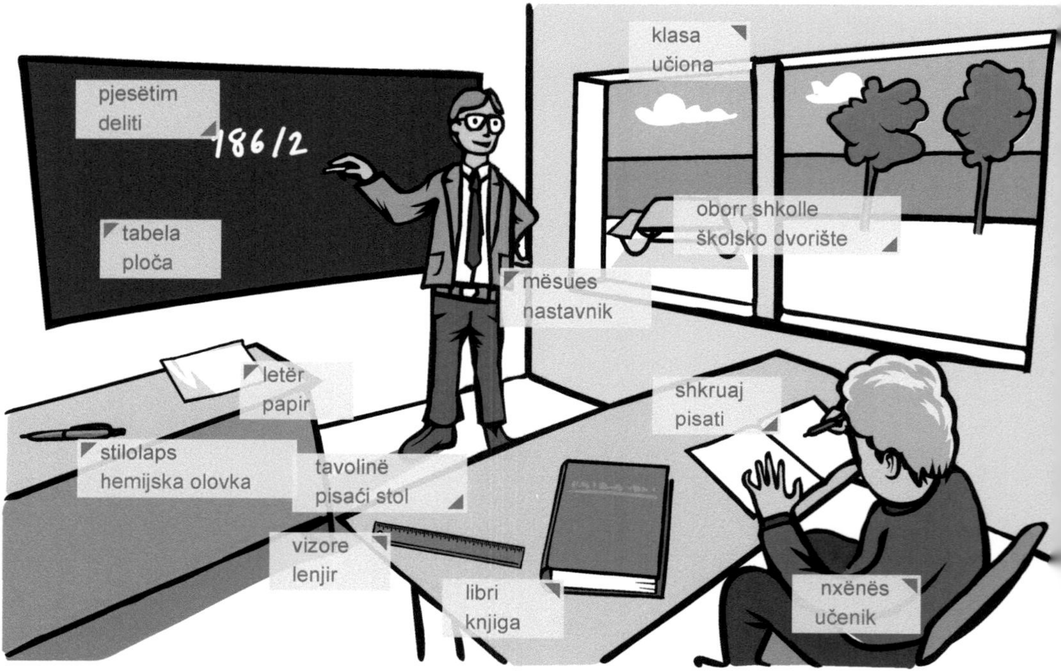

klasa
učiona
pjesëtim
deliti
186/2
tabela
ploča
oborr shkolle
školsko dvorište
mësues
nastavnik
letër
papir
shkruaj
pisati
stilolaps
hemijska olovka
tavolinë
pisaći stol
vizore
lenjir
libri
knjiga
nxënës
učenik

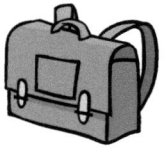

çantë

torba

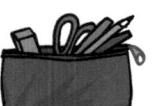

mbajtëse lapsash

pernica

laps

grafitna olovka

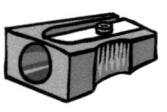

mprehës lapsash

šiljilo za olovke

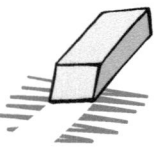

gomë

gumica za brisanje

fletore vizatimi

blok za crtanje

vizatim
....
crtež

penel
....
kist

kuti bojërash
....
kutija sa bojama

gërshërë
....
makaze

ngjitës
....
lepilo

fletore detyrash
....
beležnica

detyrë shtëpie
....
domaći zadatak

numër
....
broj

mbledh
....
sabirati

zbres
....
oduzimati

shumëzoj
....
množiti

llogaris
....
računati

gërmë
....
slovo

alfabeti
....
abeceda

fjalë
....
reč

tekst
tekst

lexoj
čitati

shkumës
kreda

mësim
čas

regjistër
dnevnik

provim
ispit

çertifikatë
svedočanstvo

uniformë shkolle
školska uniforma

arsimim
obrazovanje

enciklopedia
leksikon

universitet
univerzitet

mikroskop
mikroskop

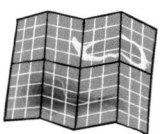

hartë
karta

kosh letrash
košara za papir

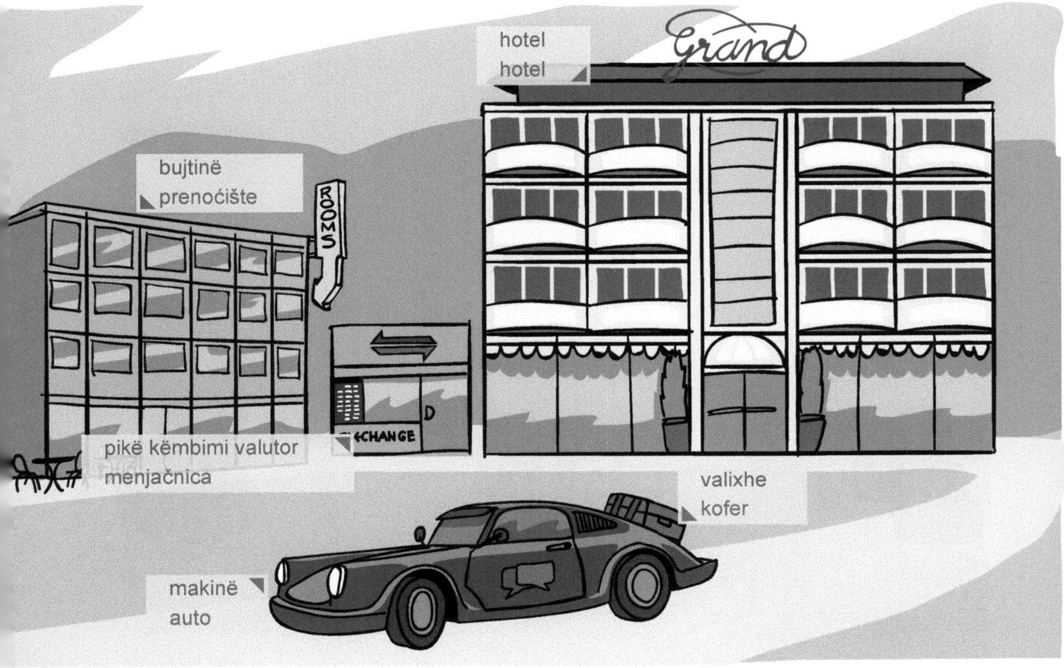
hotel
hotel
Grand
bujtinë
prenoćište
ROOMS
pikë këmbimi valutor
menjačnica
EXCHANGE
valixhe
kofer
makinë
auto

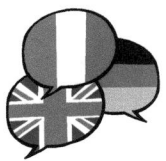

gjuhë
jezik

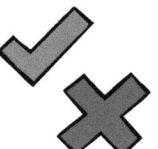

po / jo
da / ne

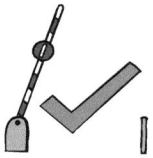

Në rregull
okej

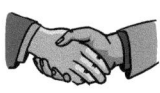

ç'kemi
zdravo

përkthyes
prevodilac

Faleminderit
hvala

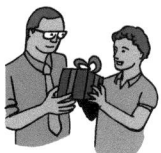

sa kushton...?

Koliko košta...?

nuk e kuptoj

ne razumem

problem

problem

Mirëmbrëma!

dobro veče!

Mirëmëngjes!

Dobro jutro!

Natën e mirë!

Laku noć!

mirupafshim

doviđenja

drejtim

smer

bagazhet

prtljaga

çantë

torba

çantë shpine

ruksak

mysafir

gost

dhomë

soba

thes gjumi

vreća za spavanje

tendë

šator

udhëtim - putovanje

informacion për turistët
turističke informacije

plazh
plaža

kartë krediti
kreditna kartica

mëngjes
doručak

drekë
ručak

darkë
večera

Biletë
karta za vožnju

ashensor
lift

pulla
poštanska markica

kufi
granica

doganë
carina

ambasadë
ambasada

vizë
viza

pasaportë
pasoš

transport

transport

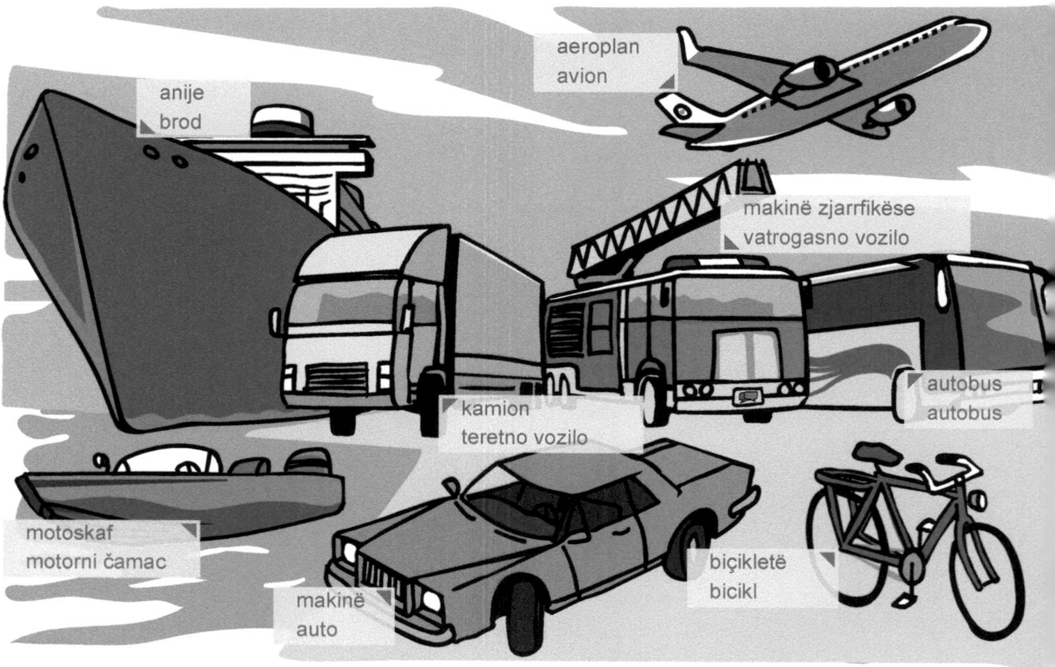
aeroplan
avion
anije
brod
makinë zjarrfikëse
vatrogasno vozilo
autobus
autobus
kamion
teretno vozilo
motoskaf
motorni čamac
biçikletë
bicikl
makinë
auto

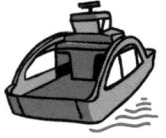

traget
trajekt

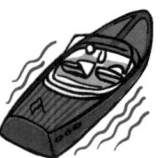

varkë
čamac

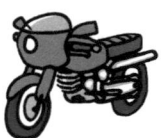

motoçikletë
motocikl

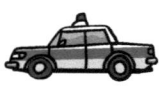

makinë policie
policijski auto

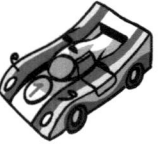

makinë garash
trkaći auto

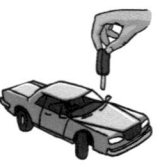

makinë me qira
iznajmljeno auto

ndarje e qirasë së makinës

delenje automobila

karroatrec

vučno vozilo

makinë plehrash

vozilo za odvoz smeća

motor

motor

benzinë

benzin

pikë karburanti

benzinska stanica

sinjalistikë trafiku

saobraćajni znak

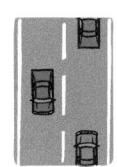

trafik

saobraćaj

bllokim trafiku

zastoj

parkim makinash

parkiralište

stacion treni

železnička stanica

trase

šine

tren

voz

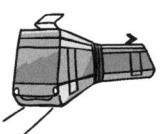

tramvaj

tramvaj

karro

vagon

helikopter
helikopter

aeroport
aerodrom

kullë
kula

pasagjer
putnik

kontenier
kontejner

kuti kartoni
karton

qerre
kolica

shportë
korpa

ngrihem / ulem
uzleteti / sleteti

qytet
grad

fshat
selo

qendra e qytetit
centar grada

shtëpi
kuća

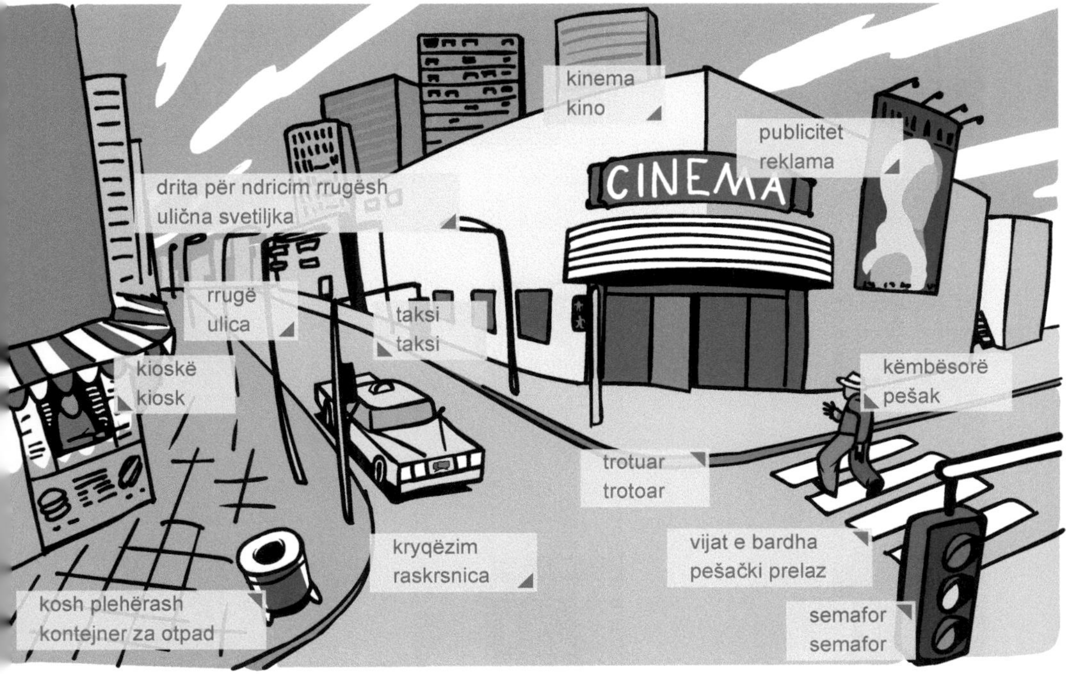
kinema
kino
publicitet
reklama
CINEMA
drita për ndricim rrugësh
ulična svetiljka
rrugë
ulica
taksi
taksi
kioskë
kiosk
këmbësorë
pešak
trotuar
trotoar
kryqëzim
raskrsnica
vijat e bardha
pešački prelaz
kosh plehërash
kontejner za otpad
semafor
semafor

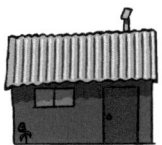

kasolle

koliba

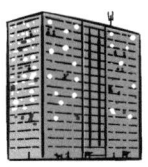

apartament

stan

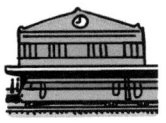

stacion treni

železnička stanica

bashki

većnica

MUSEUM

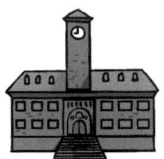

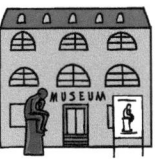

muze

muzej

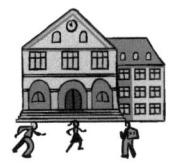

shkolla

škola

universitet

univerzitet

bankë

banka

spital

bolnica

hotel

hotel

farmaci

apoteka

zyrë

kancelarija

librari

knjižara

dyqan

prodavnica

dyqan lulesh

cvećara

supermarket

supermarket

market

trg

mapo

robna kuća

dyqan peshku

ribarnica

qëndër tregtare

trgovački centar

port

luka

park
park

stol
klupa

urë
most

shkallë
stepenice

metro
podzemna železnica

tunel
tunel

stacion autobuzi
autobuska stanica

bar
bar

restorant
restoran

kuti postare
poštansko sanduče

sinjalistikë rrugore
ulični znak

kohëmatës parkimi
parkirni automat

kopsht zoologjik
zoološki vrt

pishinë
bazen

xhami
džamija

fermë
seosko gazdinstvo

ndotje
zagađenje okoline

varrezë
groblje

kishë
crkva

shesh lojërash
igralište

tempull
hram

peisazh
pejsaž

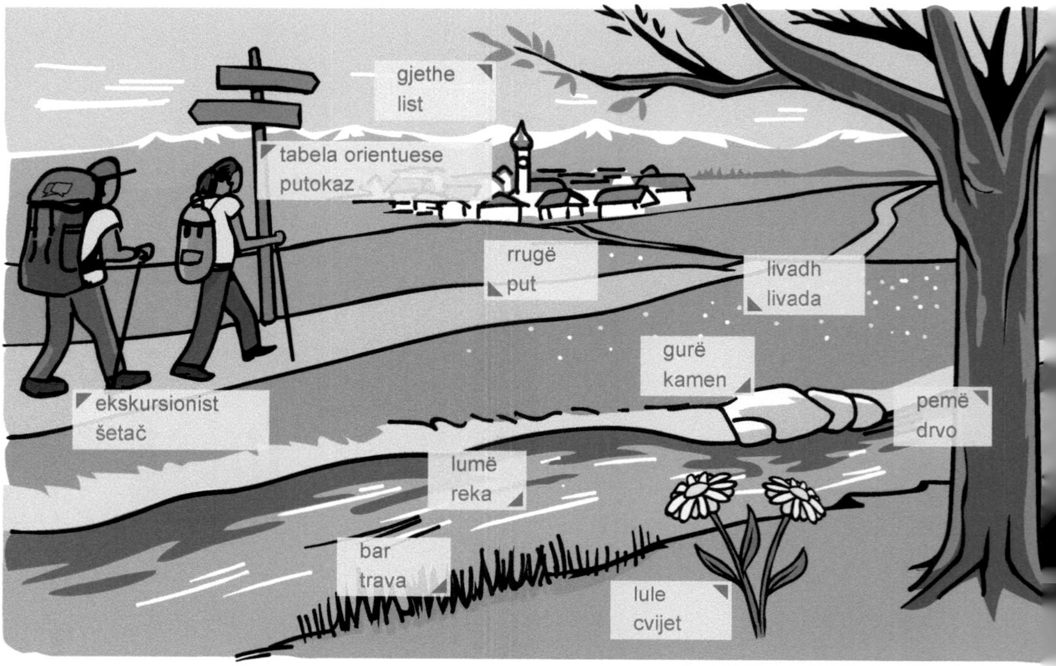

gjethe
list

tabela orientuese
putokaz

rrugë
put

livadh
livada

gurë
kamen

pemë
drvo

ekskursionist
šetač

lumë
reka

bar
trava

lule
cvijet

luginë
dolina

kodër
planina

liqen
jezero

pyll
šuma

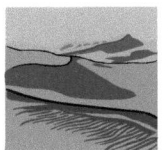

shkretëtirë
pustinja

vullkan
vulkan

kështjellë
dvorac

ylber
duga

kepudhë
gljiva

palmë
palma

mushkonjë
moskito

mizë
muva

milingonë
mrav

bletë
pčela

merimangë
pauk

brumbull

buba

bretkosë

žaba

ketër

veverica

iriq

jež

lepur

zec

buf

sova

zog

ptica

mjellmë

labud

derr i egër

divlja svinja

dre

jelen

dre brilopatë

los

digë

nasip

turbinë ere

vetrenjača

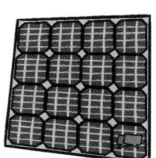

panel diellor

solarna ploča

klimë

klima

peisazh - pejsaž

restorant
restoran

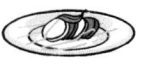

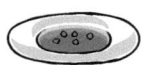

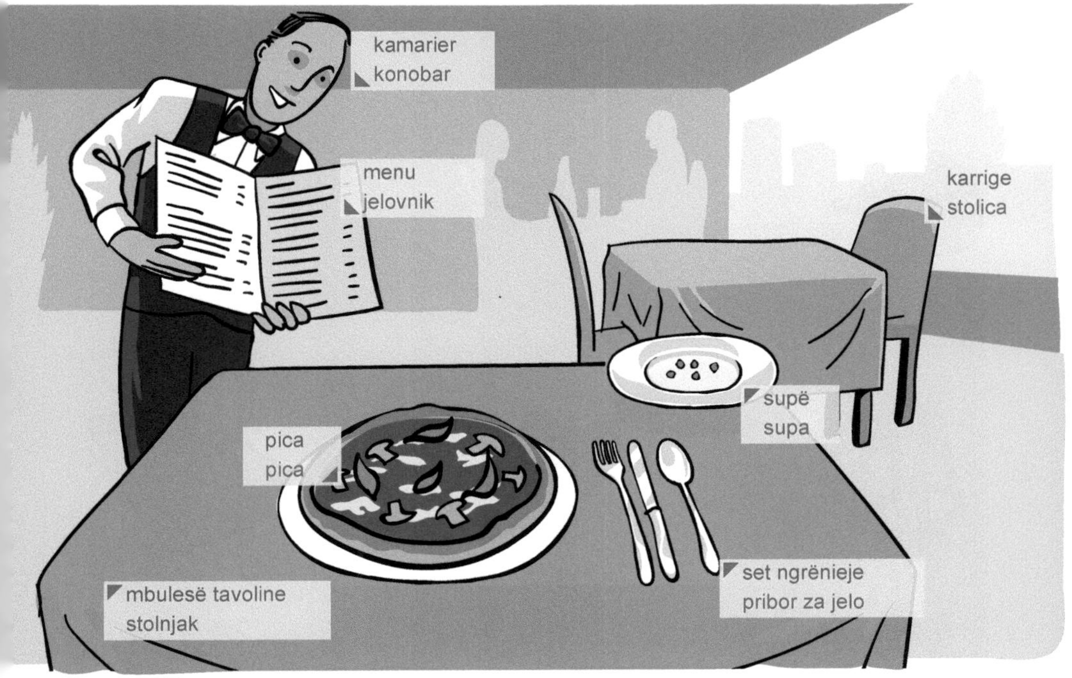
kamarier
konobar
menu
jelovnik
karrige
stolica
supë
supa
pica
pica
set ngrënieje
pribor za jelo
mbulesë tavoline
stolnjak

pjatë e parë

predjelo

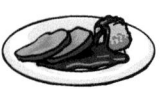

pjatë kryesore

glavno jelo

ëmbëlsirë

desert

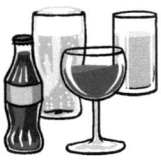

pije

napitci

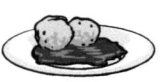

ushqim

jelo

shishe

flaša

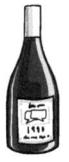

ushqim i shpejtë

brza hrana

ushqim i shërbyer në rrugë

imbis hrana

ibrik çaji

čajnik

kuti sheqeri

doza za šećer

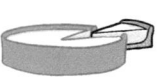

racion

porcija

makinë kafeje ekspres

aparat za espresso

karrige e lartë

visoka stolica

faturë

račun

tabaka

poslužavnik

thika

nož

pirun

viljuška

lugë

kašika

lugë çaji

čajna kašika

pecetë

salveta

gotë

čaša

pjatë

tanjir

pjatë supe

tanjir za supu

pjatë filxhani

tanjirić

salcë

sos

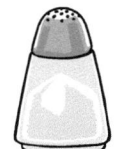

mbajtëse kripe

soljenka

mulli piperi

mlin za biber

uthull

sirće

vaj

ulje

erëza

začini

keçap

kečap

mustardë

senf

majonezë

majoneza

supermarket

supermarket

ofertë speciale
ponuda
FOR
klient
kupac
produkte bulmeti
mlečni proizvodi
frut
voće
karrocë pazari
kolica za kupovinu

BUTCHERS

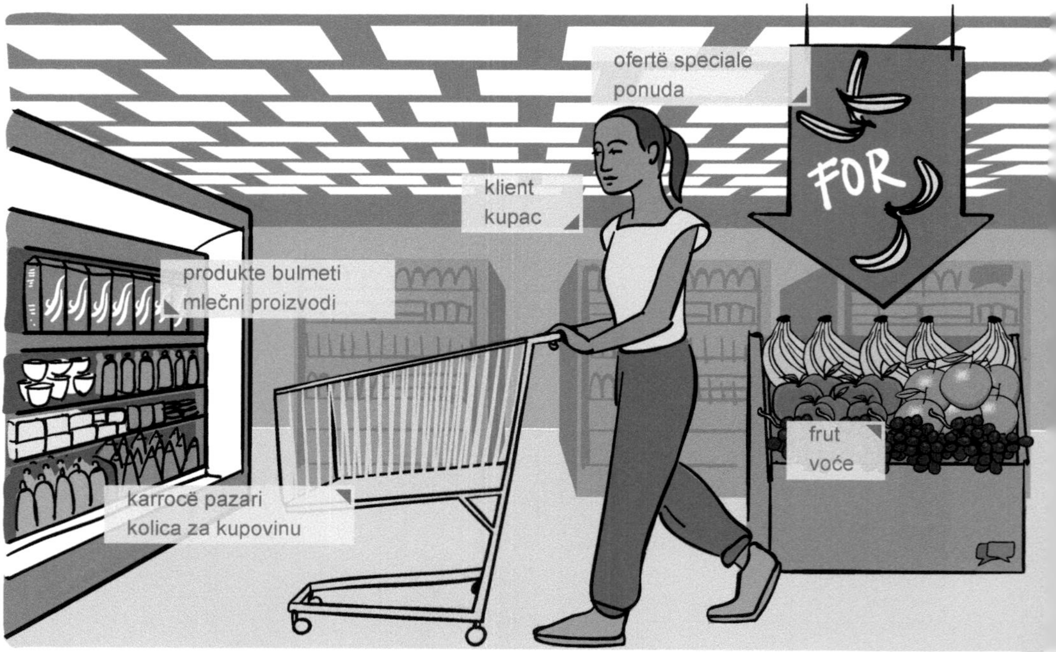

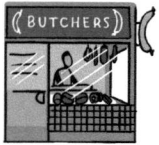

dyqan mishi

mesnica

BAKERY

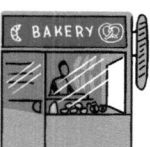

furrë buke

pekara

peshoj

vagati

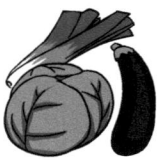

perime

povrće

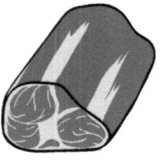

mish

meso

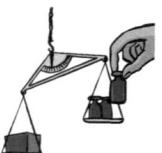

ushqim i ngrirë

smrznuta hrana

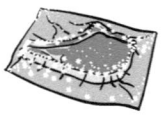

copë

narezak

ushqim i konservuar

konzerve

pluhur larës

sredstvo za pranje

ëmbëlsirat

slatkiši

prodhime shtëpie

artikli za domaćinstvo

produkte pastrimi

sredstva za čišćenje

shitëse

prodavačica

kasë fiskale

blagajna

arkëtar

blagajnik

listë blerjeje

lista za kupovinu

oraret e punës

vreme rada

portofol

novčanik

kartë krediti

kreditna kartica

çantë

torba

qese plastike

plastična kesa

ujë
....
voda

lëng frutash
....
sok

qumësht
....
mleko

koka-kola
....
kola

verë
....
vino

birrë
....
pivo

alkool
....
alkohol

kakao
....
kakao

çaj
....
čaj

kafe
....
kava

kafe ekspres
....
espresso

kapuçino
....
cappuccino

banane

banana

mollë

jabuka

portokalle

narandža

pjepër

lubenica

limon

limun

karrotë

šargarepa

hudhër

beli luk

bambu

bambus

qepë

luk

kërpudha

gljiva

arra

orašasti plodovi

makarona

rezanci

spageti

špagete

oriz

riža

sallatë

salata

patate të skuqura

pomfrit

patate të skuqura

pečeni krumpir

pica

pica

hamburger

hamburger

sanduiç

sendvič

shnicel

šnicla

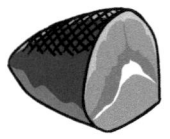

proshutë

šunka

sallam

salama

salçiçe

kobasica

pulë

kokoš

skuq

pečenje

peshk

riba

tërshërë

zobene pahuljice

drithëra

musli

kornfleiks

kukuruzne pahuljice

miell

brašno

kruasant

kroasan

panine

pecivo

bukë

hleb

tost

toast

biskotë

keksi

gjalp

maslac

gjizë

sveži sir

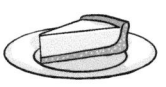

tortë

kolač

vezë

jaje

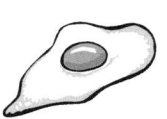

vezë sy

jaje na oko

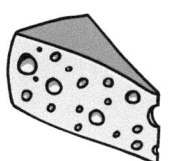

djathë

sir

akullore

sladoled

sheqer

šećer

mjaltë

med

marmaladë

marmelada

çokokrem

nugat krema

këri

kari

fermë

seosko gazdinstvo

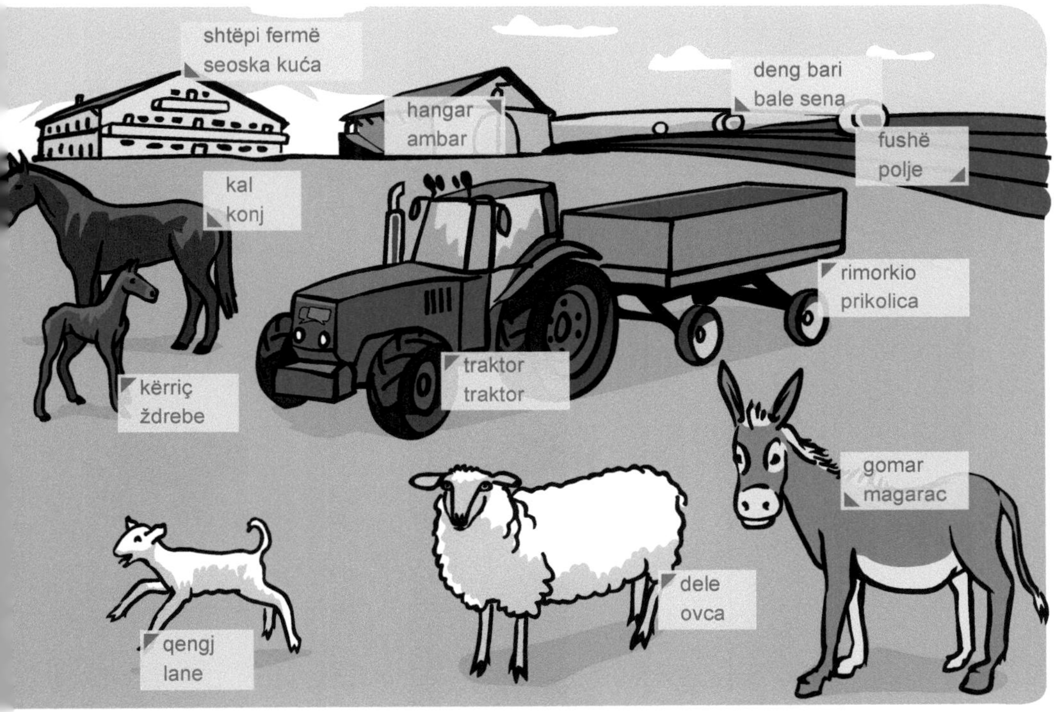

shtëpi fermë
seoska kuća
hangar
ambar
deng bari
bale sena
fushë
polje
kal
konj
rimorkio
prikolica
traktor
traktor
kërriç
ždrebe
gomar
magarac
dele
ovca
qengj
lane

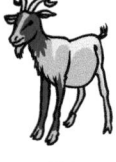

dhi

koza

lopë

krava

viç

tele

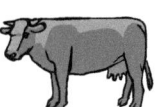

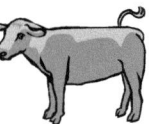

derr

svinja

derrkuc

prase

dem

bik

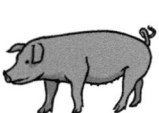

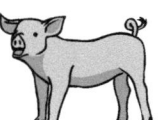

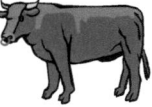

patë

guska

rosë

patka

zog pule

pilići

pulë

kokoš

gjel

petao

mi

pacov

mace

mačka

mi

miš

buall

vol

qen

pas

kolibe qeni

kućica za psa

zorrë vaditëse

vrtno crevo

vaditëse

kanta za polivanje

kosë

kosa

plug

plug

fermë - seosko gazdinstvo

drapër
srp

shat
motika

kosa
viljuška za đubrivo

sëpatë
sekira

karrocë
tačke

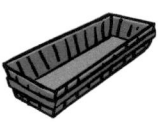

govatë
korito

bidon qumështi
posuda za mleko

thes
vreća

gardh
ograda

ahur
štala

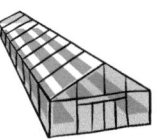

serë
staklenik

dhe
zemlja

farë
seme

pleh
đubrivo

autokombanjë
kombajn

korr

žeti

te korrat

žetva

patate e ëmbël "Yam"

jams začin

grurë

pšenica

soja

soja

patate

krumpir

misër

kukuruz

raps

uljana repica

pemë frutore

voćka

zhardhok manioku

gomolj manioke

drithëra

žitarice

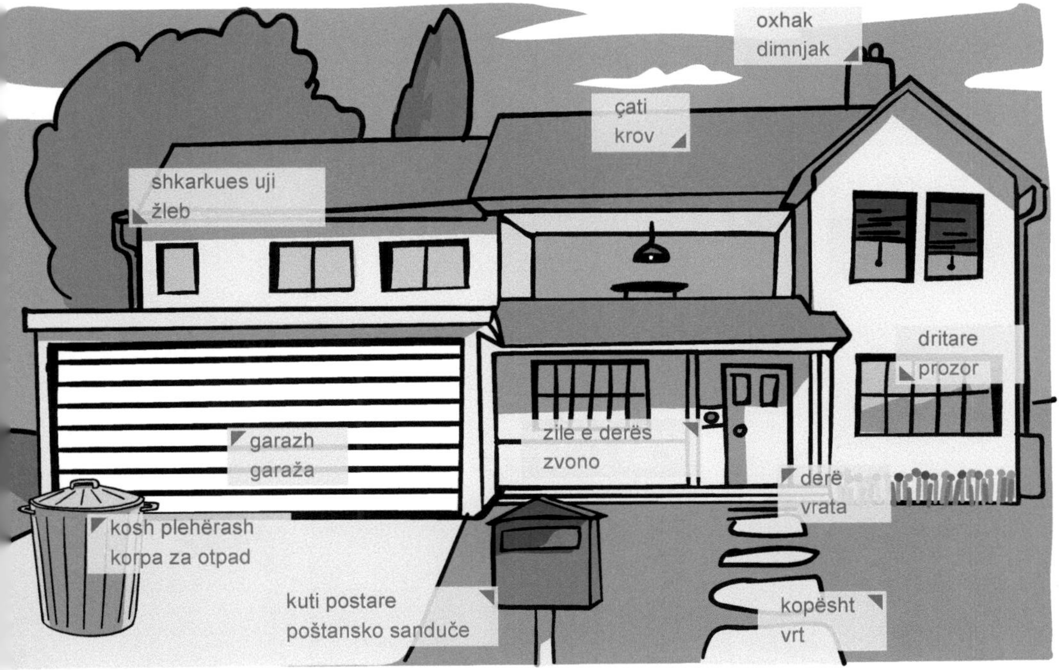

oxhak
dimnjak

çati
krov

shkarkues uji
žleb

dritare
prozor

garazh
garaža

zile e derës
zvono

derë
vrata

kosh plehërash
korpa za otpad

kuti postare
poštansko sanduče

kopësht
vrt

dhomë ndenjeje
....
dnevna soba

tualet
....
kupaonica

kuzhinë
....
kuhinja

dhomë gjumi
....
spavaća soba

dhomë fëmijësh
....
dečija soba

dhomë ngrënieje
....
trpezarija

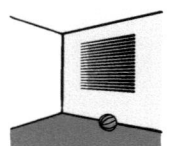

dysheme

pod

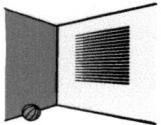

mur

zid

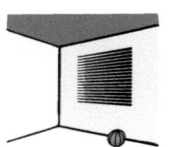

tavan

strop

bodrum

podrum

sauna

sauna

ballkon

balkon

tarracë

terasa

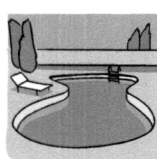

pishinë

bazen

kositëse bari

kosilica za travu

çarçaf

posteljina za krevet

kuvertë

deka za krevet

krevat

krevet

fshesë dore

metla

kovë

kanta

çelës

prekidač

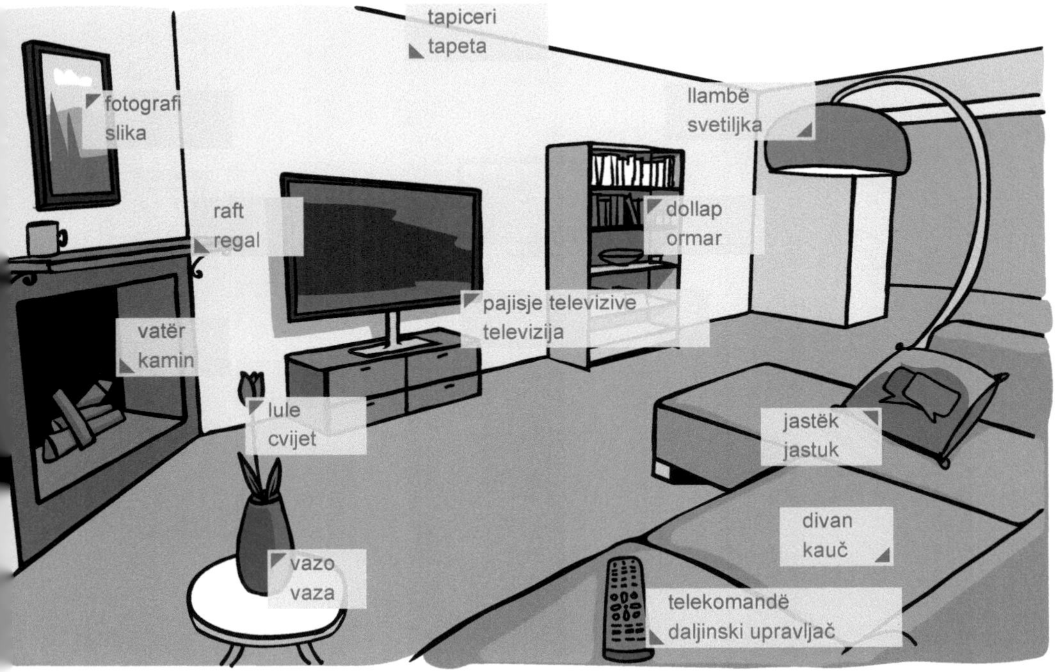

tapiceri
tapeta

fotografi
slika

llambë
svetiljka

raft
regal

dollap
ormar

vatër
kamin

pajisje televizive
televizija

lule
cvijet

jastëk
jastuk

divan
kauč

vazo
vaza

telekomandë
daljinski upravljač

qilim
tepih

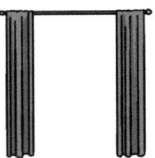

perde
zavesa

tavolinë
sto

karrige
stolica

karrige lëkundëse
stolica za njihanje

kolltuk
fotelja

libri
knjiga

batanije
deka

zbukurime
dekoracija

dru zjarri
drvo za ogrev

film
film

stereo
hi-fi uređaj

çelës
ključ

gazetë
novine

pikturë
slika na platnu

afishe
poster

radio
radio

bllok shënimesh
blok za pisanje

fshesë me korent
usisivač

kaktus
kaktus

qiri
sveća

dhomë ndenjeje - dnevna soba

kuzhinë
kuhinja

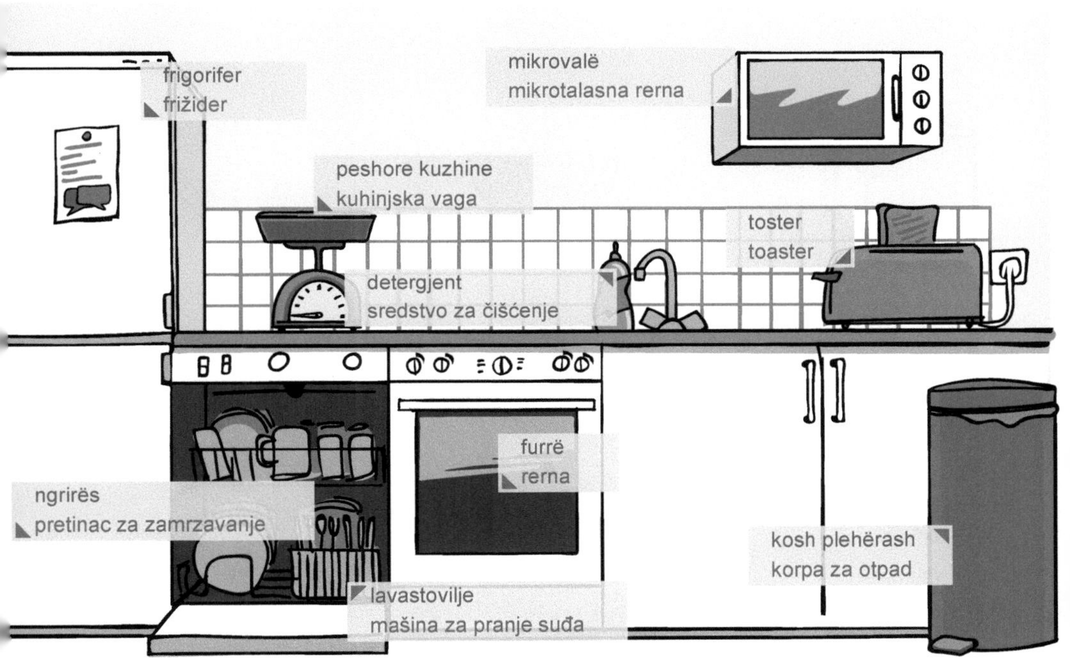
frigorifer
frižider
mikrovalë
mikrotalasna rerna
peshore kuzhine
kuhinjska vaga
toster
toaster
detergjent
sredstvo za čišćenje
furrë
rerna
ngrirës
pretinac za zamrzavanje
kosh plehërash
korpa za otpad
lavastovilje
mašina za pranje suđa

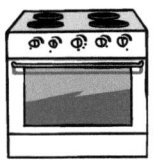

sobë

šporet

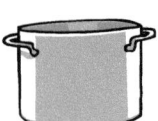

tenxhere

lonac

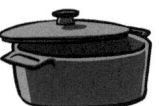

tenxhere me kapak

gvozdeni lonac

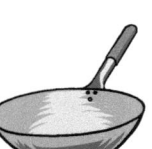

tigan special (Wok)

wok / kadai

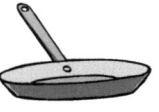

tigan

tava

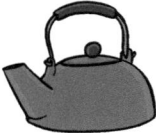

çajnik

kuvalo za vodu

tenxhere me avull

kuvalo na paru

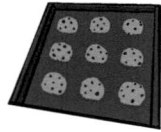

tavë pjekjeje

lim za pečenje

enë

posuđe

filxhan

čaša

tas

posuda

shkopinj

štapići za jelo

garuzhde

kutlača

spatul

lopatica

tel kuzhine

penjača

kulluese

sito za kuvanje

sitë

sito

rende

ribež

havan

mužar

skarë

roštilj

zjarr

ognjište

dërrasë për prerje

daska

okllai

oklagija

heqëse tapash

vadičep

kanaçe

konzerva

hapëse kanaçeje

otvarač konzervi

rrobë për të kapur tenxheren

krpa za lonac

lavaman

sudoper

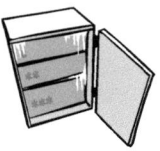

furçë

četka

sfungjer

sunđer

përzjerës

mikser

ngrirës

zamrzivač

biberon për lëngje

flašica za bebe

rubinet

slavina za vodu

kuzhinë - kuhinja

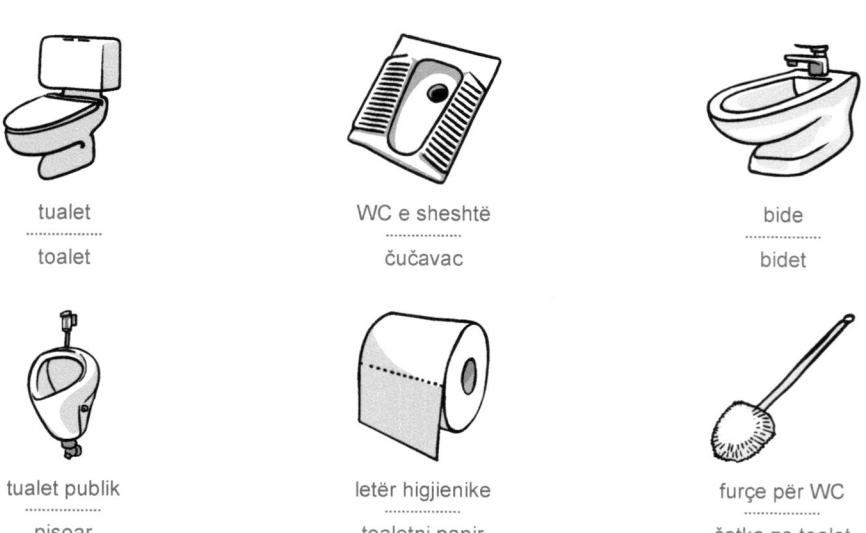

tualet
kupaonica

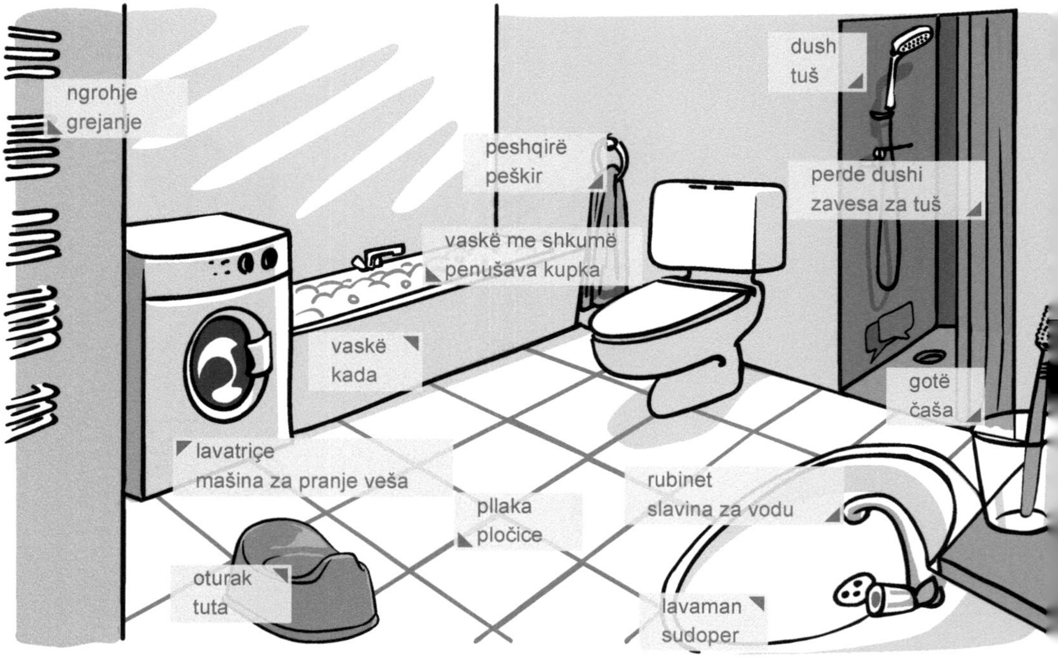

dush
tuš
ngrohje
grejanje
peshqirë
peškir
perde dushi
zavesa za tuš
vaskë me shkumë
penušava kupka
vaskë
kada
gotë
čaša
lavatriçe
mašina za pranje veša
rubinet
slavina za vodu
pllaka
pločice
oturak
tuta
lavaman
sudoper

tualet

toalet

WC e sheshtë

čučavac

bide

bidet

tualet publik

pisoar

letër higjienike

toaletni papir

furçe për WC

četka za toalet

furçë dhëmbësh

çetkica za zube

pastë dhëmbësh

pasta za zube

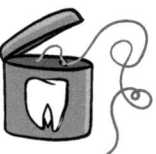

fije dentare

konac za zube

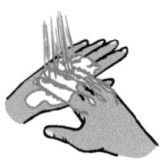

laj

prati

dorezë dushi

tuš ručica

larës për zonën intime

tuš za pranje intimnih delova

legen

lavor

furçë për masazh shpine

çetka za pranje leđa

sapun

sapun

shampo trupi

gel za tuširanje

shampo

šampon

leckë pastruese

krpa za pranje

kullues

odvod

krem

krema

antidjersë

dezodorans

pasqyrë

ogledalo

pasqyrë dore

kozmetičko ogledalo

brisk rroje

brijač

shkumë rroje

pena za brijanje

locion pas rrojes

losion za posle brijanja

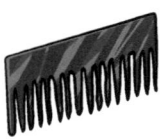

krehër

češalj

furçë

četka

tharëse flokësh

fen za kosu

llak për flokët

sprej za kosu

grim

makeup

buzëkuq

ruž za usne

manikyr

lak za nokte

mbushje pambuku

vata

gërshërë për thonj

makaze za nokte

parfum

parfem

çantë për sendet personale

kozmetička torbica

Stol

stolica

peshore

vaga

robëdëshambër

ogrtač

dorashka gome

rukavice za čišćenje

tampon

tampon

peceta higjienike

uložak

tualet I lëvizshëm

hemijski toalet

dhomë fëmijësh

dečija soba

orë me zile
budilnik
lodra me pellushë
plišana igračka
makinë lodër
auto igračka
rraketake
zvečka
shtëpi kukullash
kućica za lutke
dhuratë
poklon

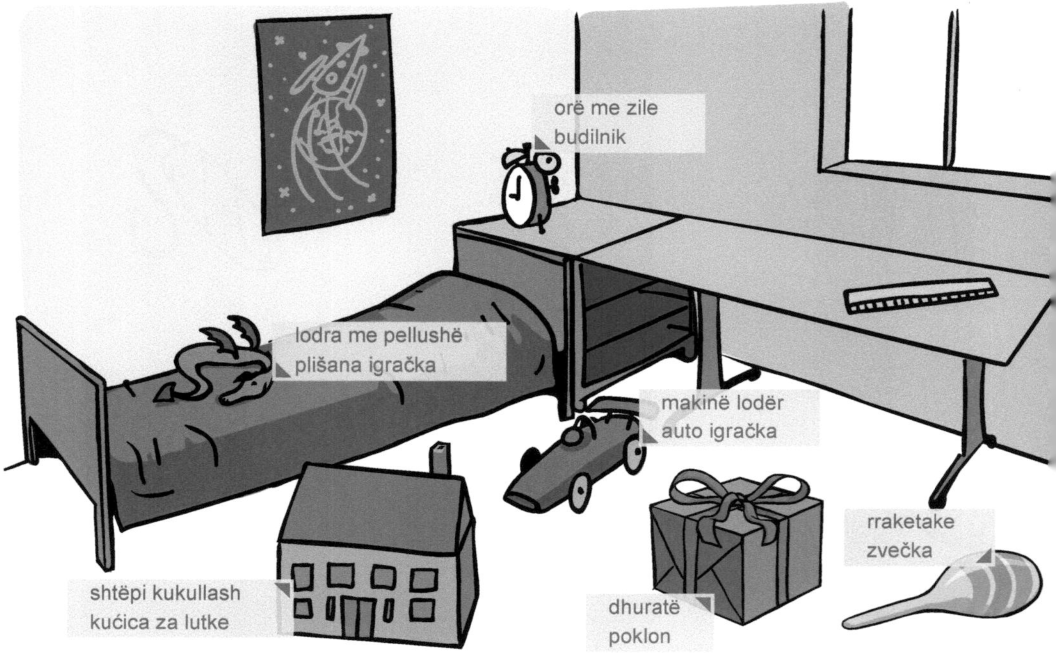

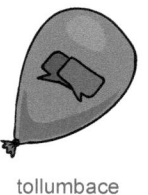

tollumbace

balon

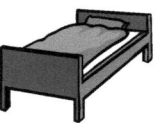

krevat

krevet

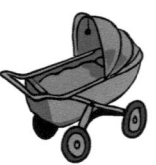

karrocë fëmijësh

dječija kolica

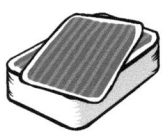

lojë me letra

igra s kartama

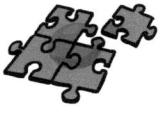

bashkim pjesësh me figura

slagalica

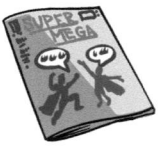

komik

strip

formuese lodër

lego kockice

kuba plastikë

kockice za slaganje

lodra

akcioni junak

badi

benkica za bebe

frizbi

frizbi

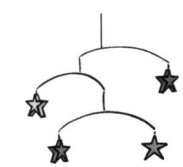

lodra të varura tek krevati i fëmijëve

viseće igračke

tavolinë lojërash

društvene igre

zare

kocka

model treni

minijaturna željeznica

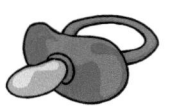

biberon

duda

festë

zabava

libër me ilustrime

slikovnica

top

lopta

kukull

lutka

luaj

igrati

grumbull rërë
pješčanik

kolovarëse
ljuljačka

lodra
igračka

leva për lojra video
konzola za igre

triçikël
tricikl

arush prej pellushi
tedi

garderobë
ormar

veshje
odeća

çorape
kratke čarape

çorape të gjata
čarape

geta
hulahopke

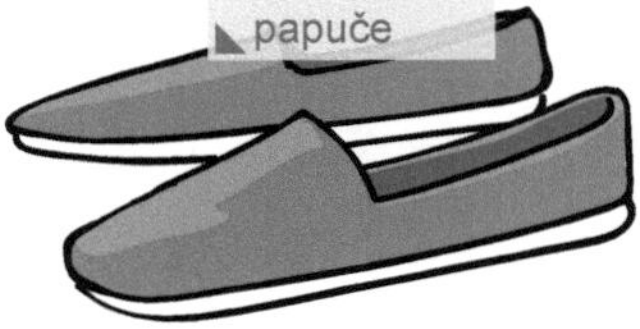

shall
šal

çadër
kišobran

rrip
kaiš

bluzë pa jakë
majica

çizme
čizme

pantofla
papuče

atlete
patike

sandale
....
sandale

këpucë
....
cipele

çizme llastiku
....
gumene čizme

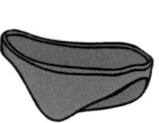

të mbathura
....
gaćice

reçipeta
....
grudnjak

kanotierë
....
potkošulja

trup
bodi

pantallona
pantalone

xhinse
farmerke

fund
suknja

bluzë
bluza

këmishë
košulja

pulovër
džemper

triko
džemper s kapuljačom

xhaketë
sako

xhaketë
jakna

pallto
kaput

mushama shiu
kabanica

kostum
kostim

fustan
haljina

fustan nusërie
venčanica

kostum
odelo

këmishë nate
spavaćica

pizhama
pidžama

sari (veshje tradicionale indiane)
sari

shami koke
marama za glavu

çallmë
turban

veshje për femrat e besimit musliman
burka

kaftan (lloj veshjeje tradicionale)
kaftan

ferexhe
abaja

kostum banje
kupaći kostim

rroba banje
kupaće gaćice

pantallona të shkurtra
kratke pantalone

tuta sporti
odeća za trening

përparëse
kecelja

dorashka
rukavice

veshje - odeća

kopsë

dugme

syze

naočare

byzylyk

narukvica

gjerdan

ogrlica

unazë

prsten

vath

naušnica

kapuç

kapa

varëse për pallto

vešalica

kapele

šešir

kravatë

kravata

zinxhir

patent zatvarač

helmetë

kaciga

tiranda

naramenice

uniformë shkolle

školska uniforma

uniformë

uniforma

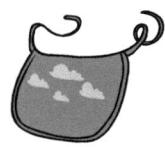

gushore

podbradak

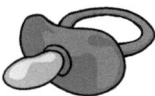

biberon

duda

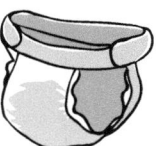

pelenë

pelena

zyrë
kancelarija

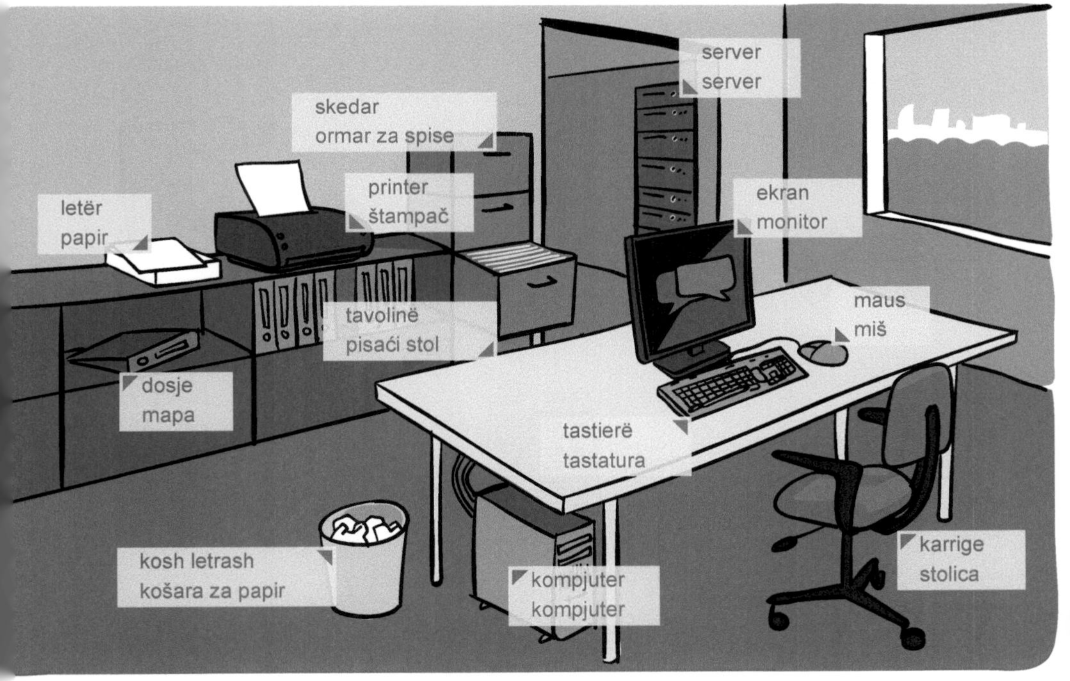

server
server
skedar
ormar za spise
printer
štampač
letër
papir
ekran
monitor
maus
miš
tavolinë
pisaći stol
dosje
mapa
tastierë
tastatura
karrige
stolica
kosh letrash
košara za papir
kompjuter
kompjuter

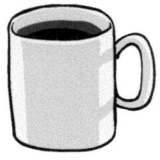

filxhan kafeje

šalica za kavu

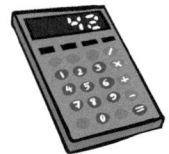

makinë llogaritëse

kalkulator

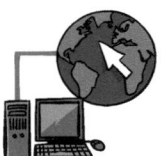

internet

internet

kompjuter portativ
laptop

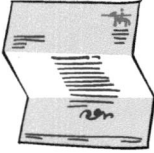

letër
pismo

mesazh
poruka

telefon
mobilni telefon

rrjet
mreža

fotokopje
uređaj za kopiranje

program
softver

telefon
telefon

prizë
utičnica

pajisje faksi
faks

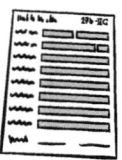

formular
formular

dokument
dokument

blej
....
kupovati

paguaj
....
platiti

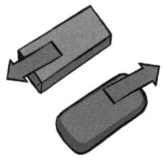

tregtoj
....
trgovati

para
....
novac

 **USD**

dollar
....
dolar

 **EUR**

euro
....
evro

 **JPY**

jen
....
jen

 **RUB**

rubla
....
rublja

 **CHF**

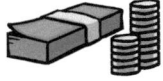

franga zvicerane
....
švajcarski franak

 **CNY**

juani kinez
....
renmindbi juan

 **INR**

rupje
....
rupija

bankomat
....
automat za novac

pikë këmbimi valutor

menjačnica

ar

zlato

argjend

srebro

nafta

nafta

energji

energija

çmim

cena

kontratë

ugovor

taksë

porez

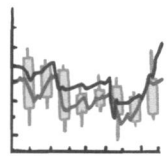

aksione

deonica

punoj

raditi

punonjës

službenik

punëdhënës

poslodavac

fabrikë

fabrika

dyqan

prodavnica

profesionet
zanimanja

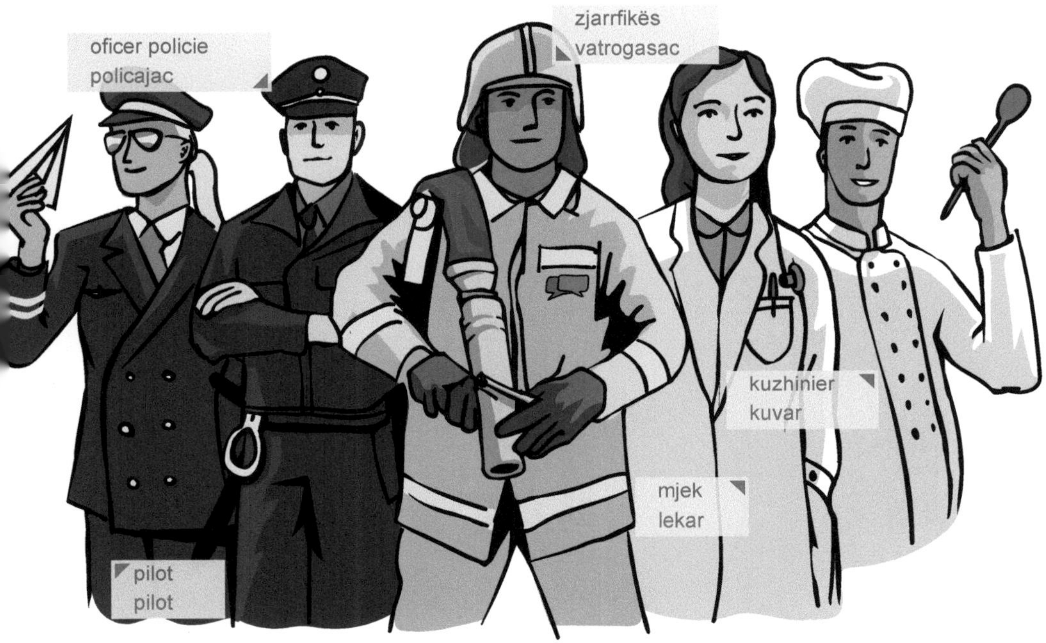

oficer policie
policajac
zjarrfikës
vatrogasac
kuzhinier
kuvar
mjek
lekar
pilot
pilot

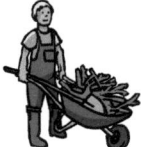

kopshtar

vrtlar

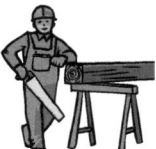

marangoz

stolar

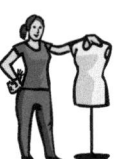

rrobaqepëse

krojačica

gjykatës

sudija

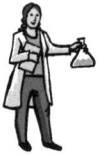

kimist

hemičar

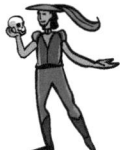

aktor

glumac

shofer autobuzi

vozač autobusa

taksist

vozač taksija

peshkatar

ribar

pastruese

čistačica

riparues çatish

krovopokrivač

kamarier

konobar

gjuetar

lovac

piktor

slikar

furrxhi

pekar

elektriçist

električar

ndërtues

građevinski radnik

inxhinier

inženjer

kasap

mesar

hidraulik

limar

postieri

poštar

ushtar

vojnik

arkitekt

arhitekta

arkëtar

blagajnik

luleshitës

cvećar

berber

frizer

kontrollor

kondukter

mekanik

mehaničar

kapiten

kapetan

dentist

zubar

shkencëtar

naučnik

rabin

rabi

imam

imam

murg

monah

klerik

svećenik

mjete
alati

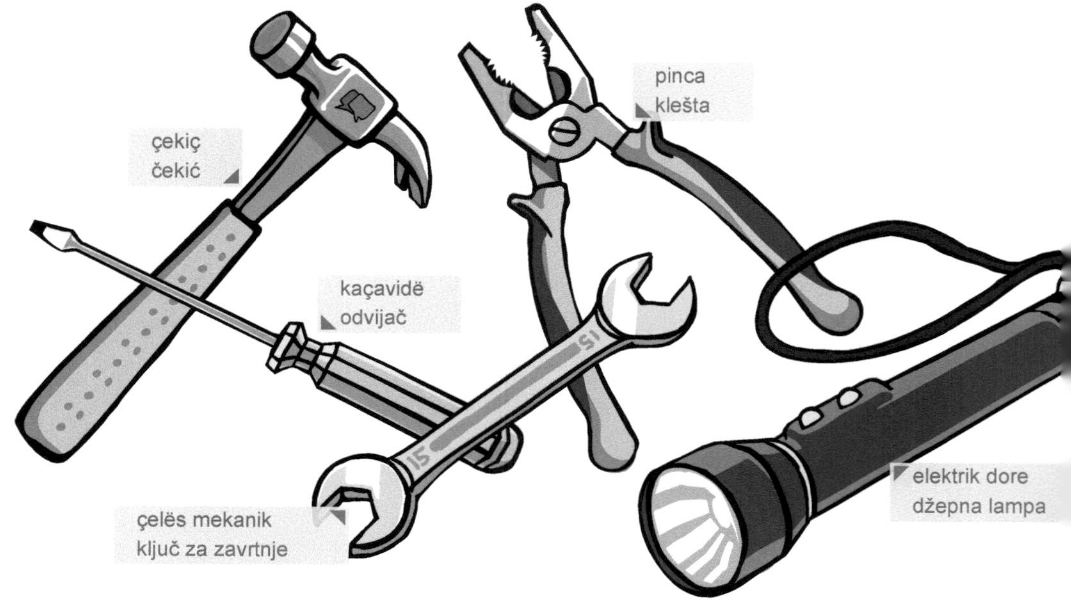
çekiç
čekić
pinca
klešta
kaçavidë
odvijač
çelës mekanik
ključ za zavrtnje
elektrik dore
džepna lampa

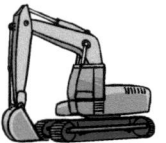

ekskavator

bager

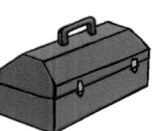

kuti veglash

kutija za alat

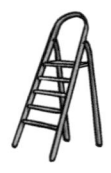

shkallë

merdevine

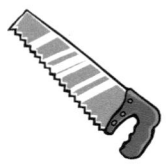

sharrë

pila

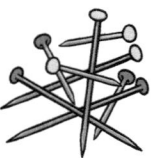

gozhdë

ekser

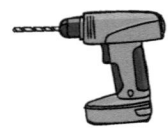

trapan

bušilica

riparoj
popraviti

lopatë
lopata

Dreq!
do đavola!

kaci
lopatica

kuti boje
lonac za boju

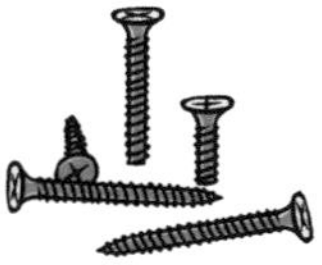

vidhë
zavrtanji

instrumenta muzikorë
muzički instrument

altoparlant
zvučnik

bateri
bubnjevi

kitare
gitara

kontrabas
kontrabas

trompë
truba

piano
klavir

violinë
violina

bas
bas

tamburë
timpani

daulle
udaraljke za bubnjeve

tastierë pianoje
tipke klavira

saksofon
saksofon

flaut
flauta

mikrofon
mikrofon

kopsht zoologjik
zoološki vrt

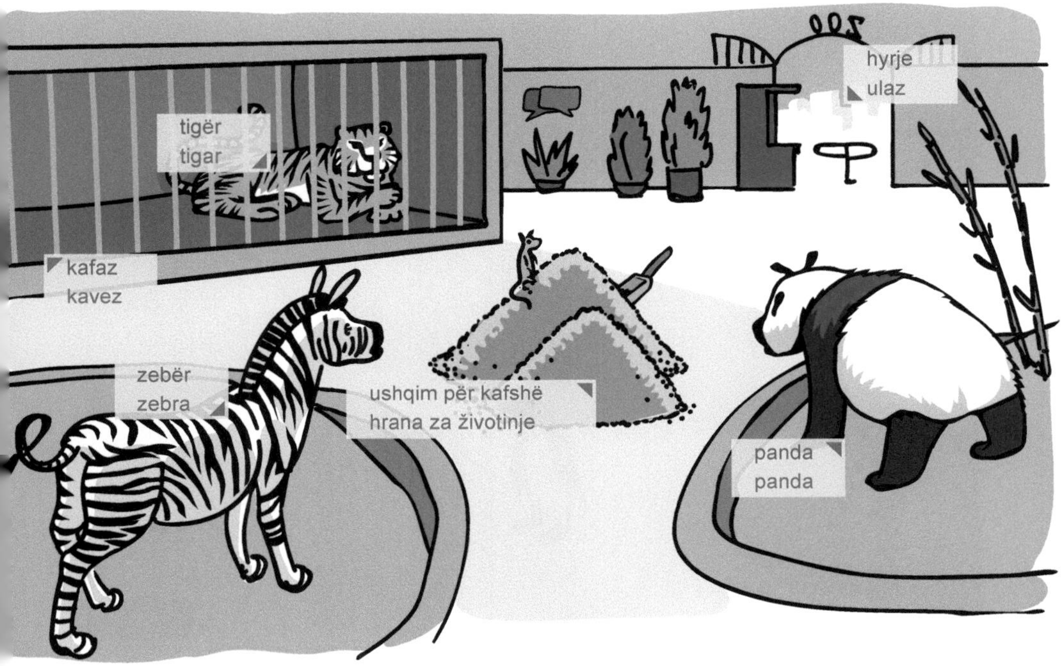

tigër
tigar
hyrje
ulaz
kafaz
kavez
zebër
zebra
ushqim për kafshë
hrana za životinje
panda
panda

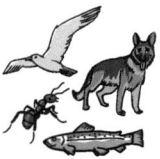

kafshë
životinje

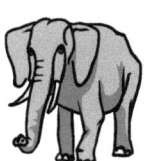

elefant
slon

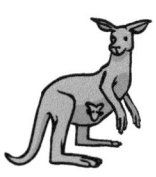

kangur
kengur

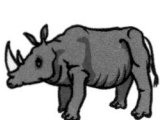

rinoceront
nosorog

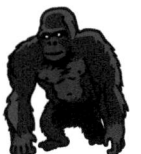

gorillë
gorila

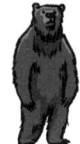

ari
medved

deve
kamila

struc
noj

luan
lav

majmun
majmun

flamingo
flamingo

papagall
papagaj

ari polar
polarni medved

pinguin
pingvin

peshkaqen
ajkula

pallua
paun

gjarpër
zmija

krokodil
krokodil

punonjës i kopshtit zoologjik
čuvar u zoološkom vrtu

fokë
tuljan

xhaguar
jaguar

poni
poni

leopard
leopard

hipopotam
nilski konj

gjirafë
žirafa

shqiponjë
orao

derr i egër
divlja svinja

peshk
riba

breshkë
kornjača

lopë deti
morž

dhelpër
lisica

gazelë
gazela

sportet
sport

futboll amerikan
američki nogomet

çiklizëm
biciklizam

tenis
tenis

basketboll
košarka

not
plivanje

boks
boks

hokej mbi akull
hokej na ledu

futboll
fudbal

badminton
badminton

atletikë
atletika

hendboll
rukomet

ski
skijanje

polo
polo

aktivitet
aktivnosti

hidhem
skočiti
përqafoj
zagrliti
qesh
smejati se
eci
ići
këndoj
pevati
ëndërroj
sanjati
lutem
moliti se
puth
poljubiti

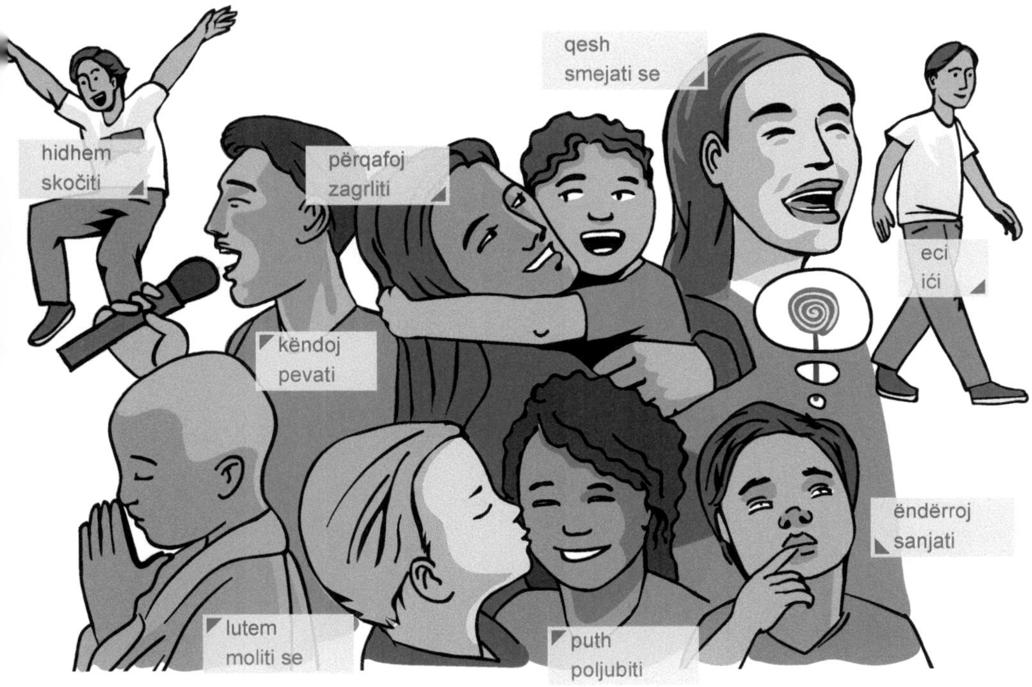

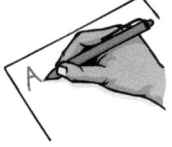

shkruaj
pisati

vizatoj
crtati

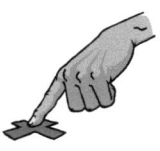

tregoj
pokazati

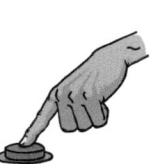

shtyj
gurati

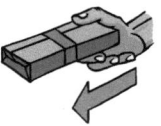

jap
dati

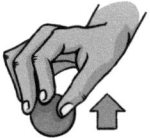

marr
uzeti

kam
imati

bëj
činiti

jam
biti

qëndroj
stojati

vrapoj
trčati

tërheq
povlačiti

hedh
baciti

bie
padati

shtrihem
ležati

pres
čekati

mbaj
nositi

ulem
sediti

vishem
oblačiti

fle
spavati

zgjohem
probuditi se

shikoj

gledati

qaj

plakati

përkëdhel

milovati

kreh

češljati

bisedoj

govoriti

kuptoj

razumeti

kërkoj

pitati

dëgjoj

slušati

pi

piti

ha

jesti

sistemoj

pospremiti

dashuroj

voleti

gatuaj

kuhati

drejtoj makinën

voziti

fluturoj

leteti

aktivitet - aktivnosti

lundroj

ploviti

llogaris

računati

lexoj

čitati

mësoj

učiti

punoj

raditi

martohem

venčati se

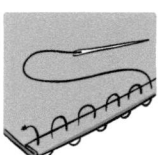

qep

šiti

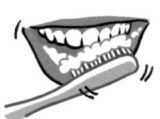

laj dhëmbët

prati zube

vras

ubiti

tymos

pušiti

dërgoj

poslati

aktivitet - aktivnosti

gjyshe
baka

gjysh
deda

baba
otac

nënë
majka

bebe
beba

vajzë
kćerka

djalë
sin

mysafir
gost

teze, hallë
tetka

dajë, xhaxha
ujak, stric

vëlla
brat

motër
sestra

trupi
telo

balli
čelo
syri
oko
shpatulla
rame
gishti
prst
fytyra
lice
mjekra
brada
dora
ruka
këmba
noga
krahërori
grudi
krahu
ruka

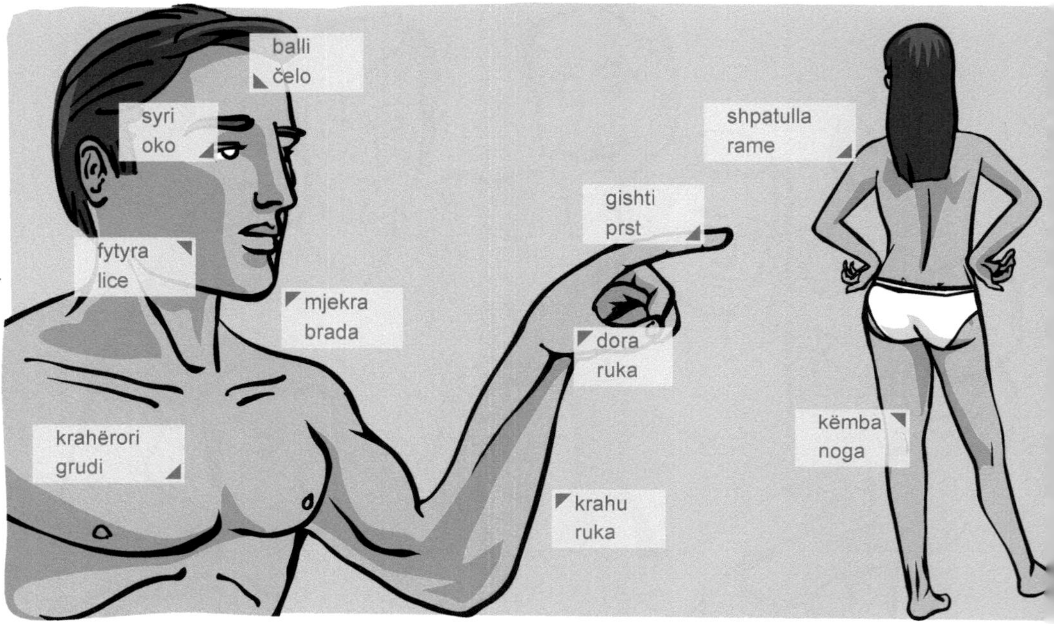

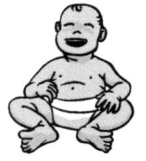

bebe
beba

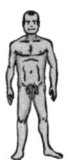

burrë
muškarac

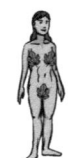

grua
žena

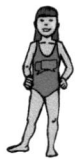

vajzë
devojčica

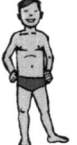

djalë
dečak

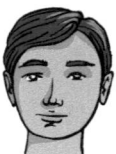

koka
glava

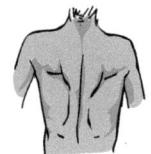

shpina

leđa

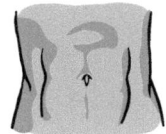

barku

stomak

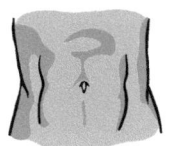

kërthiza

pupak

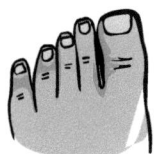

gisht këmbe

nožni prst

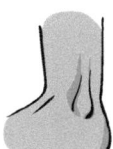

Thembra

peta

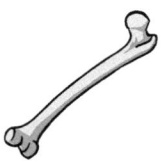

kockë

kost

legeni

kukovi

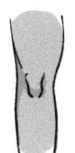

gjuri

koleno

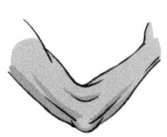

bërryli

lakat

hunda

nos

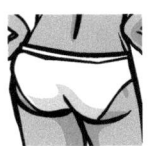

vithe

zadnjica

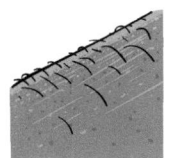

lëkura

koža

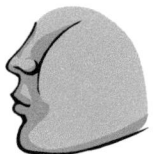

faqja

obraz

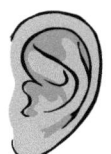

veshi

uvo

buza

usna

goja

usta

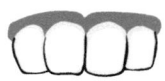

dhëmbët

zub

gjuha

jezik

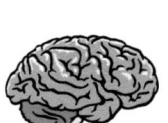

truri

mozak

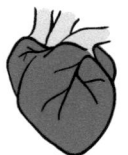

zemra

srce

muskul

mišić

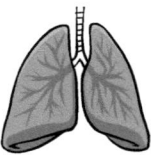

mushkëria

pluća

mëlçia

jetra

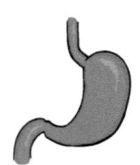

stomaku

želudac

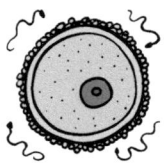

veshka

bubrezi

seks

polni odnos

prezervativ

kondom

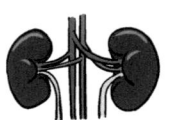

veza

jajna ćelija

sperma

sperma

shtatëzani

trudnoća

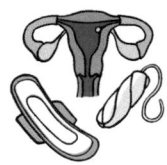

menstruacione
menstruacija

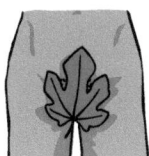

vagina
vagina

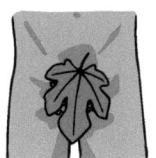

penis
penis

vetulla
obrva

flokët
kosa

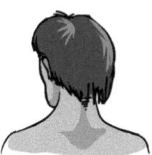

qafa
vrat

spital
bolnica

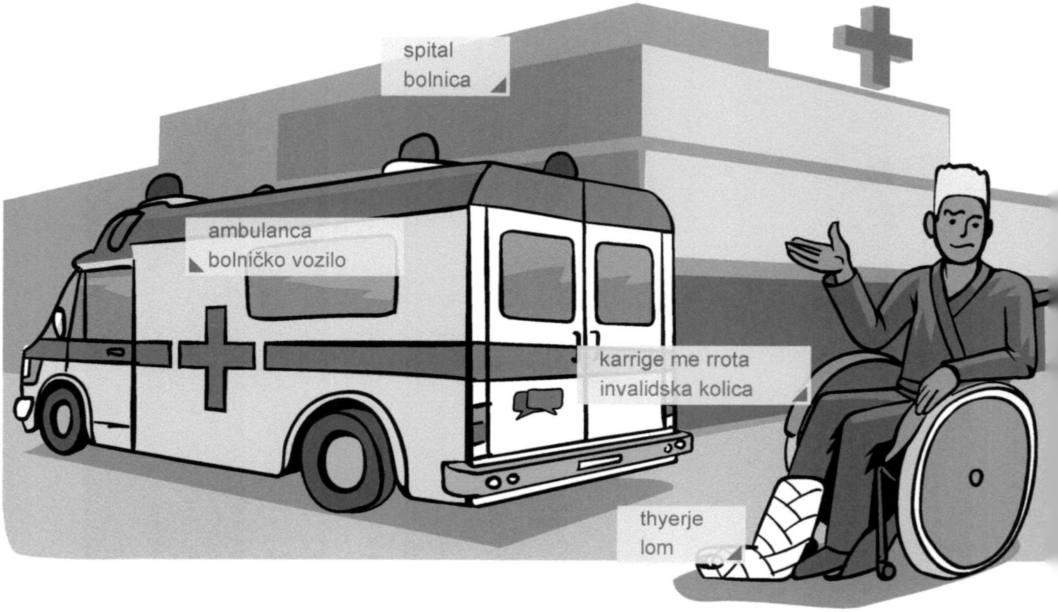

spital
bolnica
ambulanca
bolničko vozilo
karrige me rrota
invalidska kolica
thyerje
lom

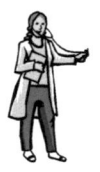

mjek

lekar

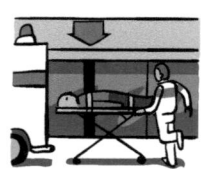

sallë urgjencash

hitna medicinska služba

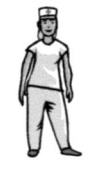

infermiere

medicinska sestra

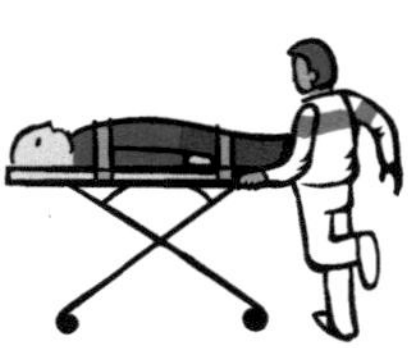

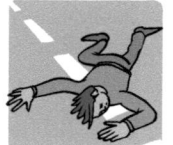

emergjencë

hitni slučaj

i pandërgjegjshëm

nesvest

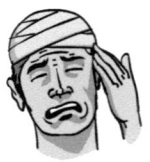

dhimbje

bol

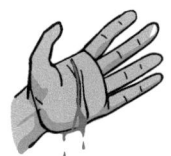

dëmtim

povreda

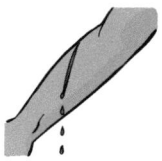

gjakosje

krvarenje

infarkt

srčani udar

goditje

udar

alergji

alergija

kolla

kašalj

ethe

groznica

grip

gripa

diarre

proliv

dhimbje koke

glavobolja

kancer

rak

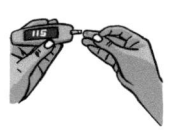

diabet

dijabetes

kirurg

hirurg

bisturi

skalpel

operacion

operacija

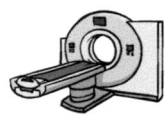

CT (skaner)

ct

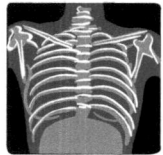

radiografi

rentgen

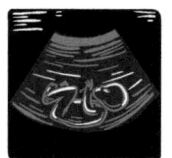

ultratingull

ultrazvuk

maskë fytyre

maska

sëmundje

bolest

dhomë pritjeje

čekaona

paterica

štaka

leukoplast

flaster

fasho

zavoj

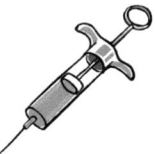

injeksion

injekcija

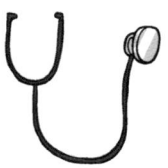

stetoskop

stetoskop

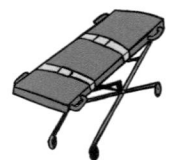

barelë

nosila

termometër

termometar

lindje

rođenje

mbipeshë

prekomerna težina

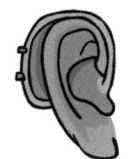

aparat dëgjimi

slušni aparat

dezinfektant

sredstvo za dezinfekciju

infeksion

infekcija

virus

virus

HIV / AIDS

HIV / AIDS

mjekësi, mjekim

medicina

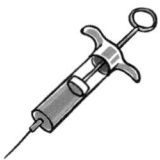

vaksinim

vakcinacija

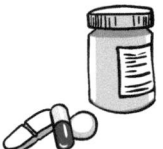

tableta

tablete

pilulë

pilula

telefonatë emergjence

hitni poziv

aparat tensioni

uređaj za merenje pritiska

i sëmurë / i shëndetshëm

bolesno / zdravo

Ndihmë!

pomoć!

alarm

alarm

sulm

nasrtaj

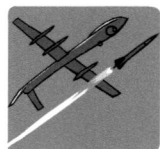

atak

napad

rrezik

opasnost

dalje emergjence

izlaz u slučaju nužde

Zjarr!

požar!

fikëse zjarri

protivpožarni aparat

aksident

nezgoda

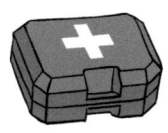

kuti e ndimës së shpejtë

kutija prve pomoći

SOS

sos

policia

policija

Europa
Evropa

Amerika e Veriut
Severna Amerika

Amerika e Jugut
Južna Amerika

Afrika
Afrika

Azia
Azija

Australia
Australija

Atlantiku
Atlantik

Paqësori
Pacifik

Oqeani Indian
Indijski okean

Oqeani Antarktik
Antarktički okean

Oqeani Arktik
Arktički ocean

Poli i veriut
Severni pol

Poli i Jugut

Južni pol

Antarktida

Antarktik

toka

zemlja

tokë

zemlja

det

more

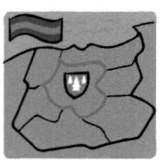

ishull

otok

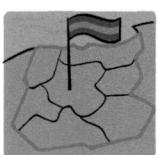

komb

nacija

shtet

država

fusha e orës

brojčanik sata

akrepi i orës

satna kazaljka

akrepi i minutave

minutna kazaljka

akrepi i sekondave

sekundna kazaljka

Sa është ora?

Koliko je sati?

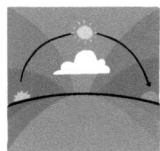

ditë

dan

kohë

vreme

tani

sada

orë dixhitale

digitalni sat

minutë

minuta

orë

čas

javë

sedmica

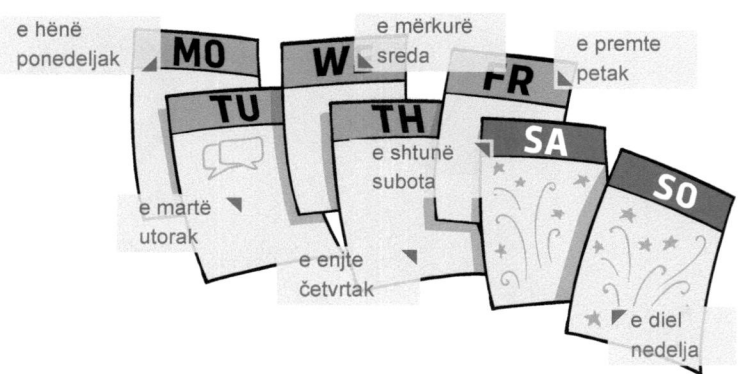

e hënë / ponedeljak — **MO**
e mërkurë / sreda — **W**
e premte / petak — **FR**
TU
TH
e shtunë / subota — **SA**
e martë / utorak
e enjte / çetvrtak
SO
e diel / nedelja

dje
....
juče

sot
....
danas

nesër
....
sutra

mëngjes
....
jutro

mesditë
....
podne

mbrëmje
....
veče

MO	TU	WE	TH	FR	SA	SU
1	2	3	4	5	6	7
8	9	10	11	12	13	14
15	16	17	18	19	20	21
22	23	24	25	26	27	28
29	30	31	1	2	3	4

ditë pune
....
radni dani

MO	TU	WE	TH	FR	SA	SU
1	2	3	4	5	6	7
8	9	10	11	12	13	14
15	16	17	18	19	20	21
22	23	24	25	26	27	28
29	30	31	1	2	3	4

fundjavë
....
vikend

vit
godina

shi
kiša
ylber
duga
erë
vetar
borë
sneg
pranverë
proleće
verë
leto
vjeshtë
jesen
dimër
zima

4.APRIL 11°
5.APRIL 4°
6.APRIL 13°
7.APRIL 8°
8.APRIL 10°

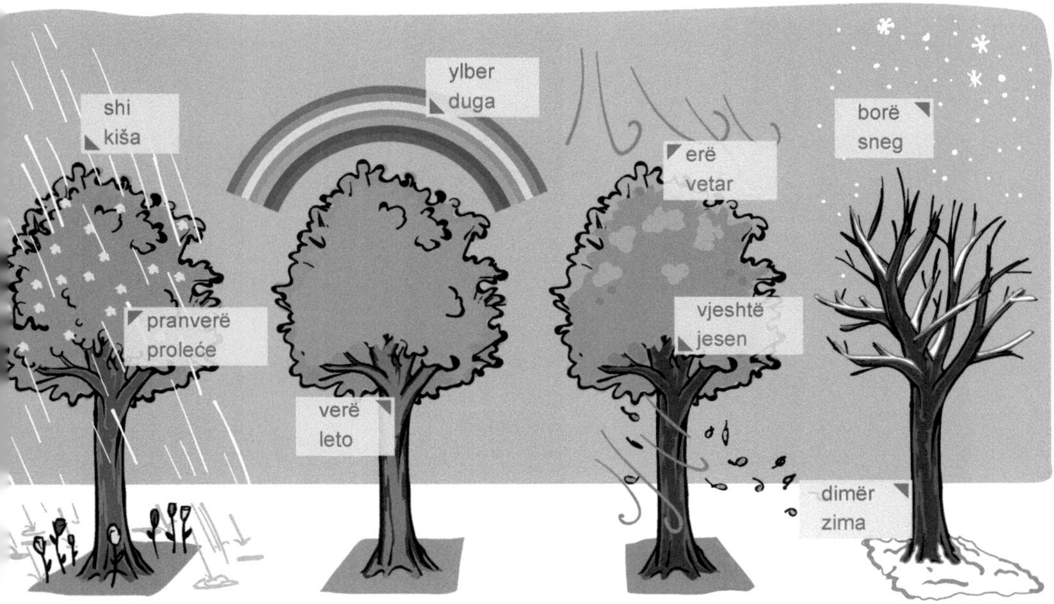

parashikimi i motit

meteorološka prognoza

F
C
120
90
60
30
0
-30
40
30
20
10
0
-10
-20

termometër

termometar

ndriçim dielli

sunčana svetlost

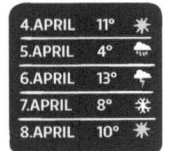

re

oblak

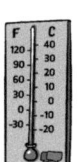

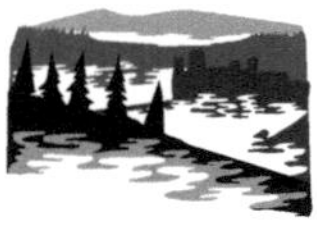

mjegull

magla

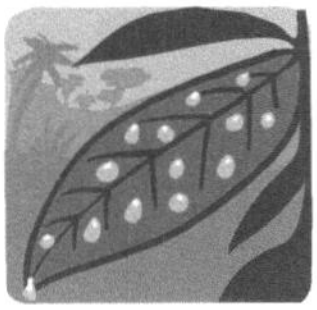

lagështi

vlažnost vazduha

vetëtima

munja

gjëmim

grmljavina

stuhi

oluja

breshër

tuča

muson

monsun

përmbytje

poplava

akull

led

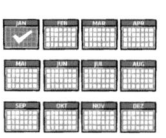

janar

januar

shkurt

februar

mars

mart

prill

april

maj

maj

qershor

juni

korrik

juli

gusht

avgust

vit - godina

shtator
....
septembar

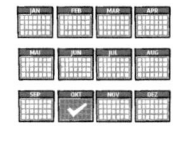

tetor
....
oktobar

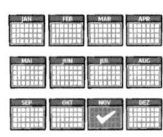

nëntor
....
novembar

dhjetor
....
decembar

forma
oblici

rreth
....
krug

katror
....
kvadrat

drejtkëndësh
....
pravougao

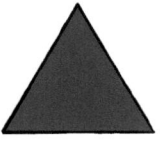

trekëndësh
....
trougao

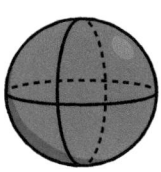

sferë
....
kugla

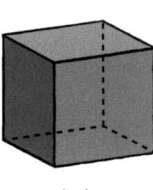

kub
....
kocka

e bardhë

bela

e verdhë

žuta

portokalli

narandžasta

rozë

ružičasta

e kuqe

crvena

vjollcë

ljubičasta

blu

plava

e gjelbër

zelena

kafe

smeđa

gri

siva

e zezë

crna

shumë / pak

mnogo / malo

i nevrikosur / i qetë

ljutito / mirno

i bukur / i shëmtuar

lepo / ružno

fillim / fund

početak / kraj

i madh / i vogël

veliko / maleno

i ndritshëm / i errët

svetlo / tamno

vëlla / motër

brat / sestra

e pastër / e pistë

čisto / prljavo

e plotë / jo e plotë

potpuno / nepotpuno

ditë / natë

dan / noć

gjallë / vdekur

mrtvo / živo

i gjerë / i ngushtë

široko / usko

i ngrënshëm / i
pangrënshëm
jestivo / nejestivo

i keq / i këndshëm

zlo / dobro

i lumtur / i mërzitur

uzbuđeno / dosadno

i shëndoshë / i dobët

debelo / mršavo

e para / e fundit

na početku / na kraju

mik / armik

prijatelj / neprijatelj

plot / bosh

puno / prazno

e fortë / e butë

tvrdo / mekano

e rëndë / e lehtë

teško / lagano

uri / etje

glad / žeđ

i sëmurë / i shëndetshëm

bolesno / zdravo

e paligjshme / e ligjshme

ilegalno / legalno

i zgjuar / budalla

pametno / glupo

majtas / djathtas

levo / desno

afër / larg

blizu / daleko

e re / e përdorur

novo / polovno

asgjë / diçka

ništa / nešto

i moshuar / i ri

staro / mlado

ndezur / fikur

uključeno / isključeno

hapur / mbyllur

otvoreno / zatvoreno

i qetë / i zhurmshëm

tiho / glasno

i pasur / i varfër

bogato / siromašno

e drejtë / e gabuar

tačno / pogrešno

i ashpër / i butë

hrapavo / glatko

i mërzitur / i lumtur

tužno / sretno

i shkurtër / i gjatë

kratko / dugo

ngadalë / shpejt

polako / brzo

i lagësht / i thatë

mokro / suho

ngrohtë / freskët

toplo / hladno

luftë / paqe

rat / mir

0

zero
nula

1

një
jedan

2

dy
dva

3

tre
tri

4

katër
çetiri

5

pesë
pet

6

gjashtë
šest

7

shtatë
sedam

8

tetë
osam

9

nentë
devet

10

dhjetë
deset

11

njëmbëdhjetë
jedanaest

12

dymbëdhjetë

dvanaest

13

trembëdhjetë

trinaest

14

katërmbëdhjetë

četrnaest

15

pesëmbëdhjetë

petnaest

16

gjashtëmbëdhjetë

šestnaest

17

shtatëmbëdhjetë

sedamnaest

18

tetëmbëdhjetë

osamnaest

19

nentëmbëdhjetë

devetnaest

20

njëzetë

dvadeset

100

qind

stotinu

1.000

mijë

hiljadu

1.000.000

milion

milion

anglisht

engleski

anglishte amerikane

američki engleski

kinezisht mandarin

mandarinski kineski

hindi

hindski

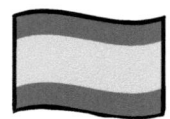

spanjisht

španski

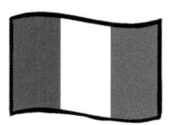

frëngjisht

francuski

arabisht

arapski

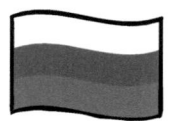

rusisht

ruski

portugalisht

portugalski

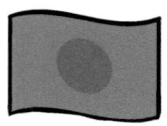

bengalisht

bengalski

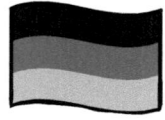

gjermanisht

nemački

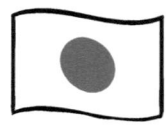

japonisht

japanski

unë
ja

ti
ti

ai / ajo
on / ona / ono

ne
mi

ju
vi

ata
oni

kush?
Ko?

çfarë?
Šta?

si?
Kako?

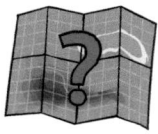

ku?
Gde?

kur?
Kada?

emër
ime

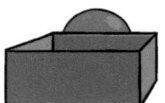

pas

iza

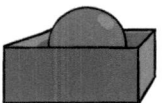

në

u

përballë

ispred

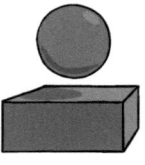

sipër

preko

mbi

na

poshtë

ispod

pranë

pored

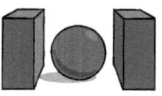

midis

između

vend

mesto